“坚持党指挥枪、建设自己的人民军队，是党在血与火的斗争中得出的颠扑不破的真理。”

——习近平

《画说听党指挥》编委会

主　任： 黄恩华

副主任： 丁晓春　夏学兵

编写组

组　长： 黄恩华

副组长： 丁晓春　夏学兵

撰　稿： 丁晓春　夏学兵　欧阳光艳
吴武涛　段建华　王金文

绘　画： 刘双喜　王　燕　周　洁
杨　越　杨传坤

画说听党指挥

黄恩华　主编

江西教育出版社
JIANGXI EDUCATION PUBLISHING HOUSE
·南昌·

赣版权登字-02-2025-206

图书在版编目（CIP）数据
画说听党指挥 / 黄恩华主编. -- 南昌 : 江西教育出版社, 2025. 5. -- ISBN 978-7-5705-3028-1
Ⅰ. E221
中国国家版本馆CIP数据核字第2024XY6359号

画说听党指挥
HUA SHUO TING DANG ZHIHUI
黄恩华 主编

江西教育出版社出版
（南昌市学府大道 299 号 邮编：330038）

各地新华书店经销
江西千叶彩印有限公司印刷
787 毫米 ×1092 毫米 16 开本 13.25 印张 76 千字
2025 年 5 月第 1 版 2025 年 5 月第 1 次印刷

ISBN 978-7-5705-3028-1
定价：38.00 元

赣教版图书如有印装质量问题，请向我社调换 电话：0791-86710427
总编室电话：0791-86705643 编辑部电话：0791-86700573
投稿邮箱：JXJYCBS@163.com 网址：http://www.jxeph.com

用图画讲述 》》
听党指挥的故事

我们的原则是党指挥枪，而决不容许枪指挥党。

坚持党指挥枪、建设自己的人民军队，是党在血与火的斗争中得出的颠扑不破的真理。听党指挥是强军之魂，是我军的命根子，永远不能变，永远不能丢。

回顾人民军队近百年的峥嵘岁月，我军之所以能够从小到大、由弱到强、从胜利走向胜利，靠的就是人民军队始终坚决听党指挥，靠的就是党对军队的绝对领导。听党指挥是人民军队最强大的基因，是“定海神针”、是制胜法宝。只要跟党走，就一定能胜利！只要跟党走，就一定能够“任凭风浪起，稳坐钓鱼船”！

听党指挥是我们党的伟大创造。这个伟大创造，孕育于大革命的失败，我们党在失败的惨痛教训中得出“枪杆子里面出政权”的结论；发端于南昌起义，我们党在南昌起义部队中设立前敌委员会，在团以上部队建立党组织，使我军在创建之初就完全置于党的领导之下；奠基于三湾改编，把“支部建在连上”，使党的领导直达基层，直达每一个官兵；定型于古田会议，古田会议确立了思想建党、政治建军的原则，从此以后“我军要建立一支什么样的军队就已经定型了”。我们党在各个历史时期都毫不动摇地坚持党指挥枪的根本原则，同各种错误路线和阴谋进行了坚决斗争，确保了人民军队始终在党的绝对领导之下。

听党指挥并不只是一句抽象的口号，它有深厚的历史积淀，有一套科学的理论体系和严密的制度机制，还有一系列严格的实践要求。为了让听党指挥的理论以喜闻乐见的方式，被广大青少年和部队的青年官兵更好地理解和接受，我们把理性和感性、理论和艺术完美结合在一起，为广大读者奉献了一本集思想性、趣味性、艺术性于一体的通俗读物《画说听党指挥》。

国防连着你、我、他，普及和加强国防教育是党和国家的明确要求，也是全社会的共同责任。在国防教育中，理解好党和军队的关系，理解好人民军队为什么必须听党指挥这一根本问题至为重要。当然，这也是一项颇具挑战性的工作，因为只有搞清楚人民军队听党指挥的理论渊源、制度机理、历史足迹，才能驱散思想中的迷雾，从而真正铸牢强军之魂。从这个角度来看，《画说听党指挥》是一本难得的国防教育生动读物，它以连环画的形式，把听党指挥的历史和听党指挥的道理结合起来，让人在品味故事中触发理性思考，在欣赏图画中得到思想升华，相信一定会得到广大读者的喜欢，也希望能更好地增强开展国防教育的效果。

是为序。

2024年12月

MULU 目录 〉〉〉

第一部分

探理论源头：
听党指挥的科学真理性在哪里？

1884年，在《家庭、私有制和国家的起源》这部马克思主义代表性著作中，恩格斯运用唯物史观对处于不同历史阶段的印第安人、古希腊人、古罗马人和德意志人等进行了深入研究，揭示了军队的起源：军队不是从来就有的，它是伴随着私有制、阶级和国家的产生而产生的，从一出生就被打上了鲜明的“阶级烙印”。

在阶级出现以前的原始社会里，由于生产力极其低下，没有剩余产品可供侵占，还不可能发生“掠夺财富”的战争，因而，并不存在作为专门军事武装力量组织的军队，只有“居民的自动的武装组织”。

原始社会后期，社会逐渐分化并形成了两大对抗阶级：奴隶主阶级和奴隶阶级。一种既能维护奴隶主利益又能缓和阶级矛盾的新“公共权力”——国家“被发明出来”，奴隶主阶级在国家机器中常设一支服务服从于奴隶主阶级的武装力量——军队。

在随后漫长的奴隶社会和封建社会中，维护经济上占统治地位的剥削阶级的根本利益始终是军队的主要职能。到了资本主义社会特别是帝国主义阶段，军队更是成了垄断资本血腥扩张和疯狂掠夺的工具。

资产阶级政党政治产生以后，虽然政党的产生时间远远晚于军队，但它往往以军队的“天然领导者”身份而存在。如果把政党比作本阶级的“大脑”，那么军队则是完成阶级和政党任务的“手足”，军队只有接受政党的领导，才能保持自己的阶级性质，并成为维护本阶级利益的有效工具。

在现代政党统治的国家，政党“形”在政治制度之外，“体”在政治制度之中，往往成为实际政治权力的中心。任何人任何组织都摆脱不了政党的影响，他们的军队也自始至终都没有脱离政党的政治掌控。

列宁曾经指出："使军队不问政治，这是资产阶级和沙皇政府的伪善的奴仆们的口号，实际上他们一向都把军队拖入反动的政治中。"

资本主义国家之所以强调军队要“保持中立”，仅仅是指军队不介入资产阶级各政党之间的政治斗争，但在与无产阶级政党的斗争中是不可能也绝不允许军队“保持中立”的。一旦资产阶级整体利益和统治受到威胁，他们会毫不犹豫地动用军队进行镇压。二战后，美、英等国曾几十次动用军队压制工人罢工运动。

无产阶级革命以消灭阶级、消灭剥削，建设人人平等的共产主义社会为最高目标。而任何剥削阶级都不可能拱手让出自己的统治地位和既得利益，无产阶级要实现自己的目的只能采取暴力革命而不是议会选举等民主手段来达成这一目标。

面对无产阶级革命，一切剥削阶级甚至敌对双方都会联合起来进行无情镇压，这是巴黎公社运动失败的一个重要原因。当时以梯也尔为首的法国资产阶级反动政府，作为战败方竟置民族尊严、国家耻辱于不顾，与战胜国德国相勾结，屠杀本国无产阶级，残酷镇压巴黎公社运动。

中国的革命历史也反复证明：没有一支人民的军队，便没有人民的一切。在中国革命的历史上，虽然各路军阀为争夺地盘总是进行“狗咬狗”的斗争，但对付共产党和革命群众的手段却是出奇的一致。

列宁在领导俄国革命时指出：“党在军队中的领导活动，无论对保证军队的战备，还是作战行动，都具有决定性作用。”历史和实践多次证明，令敌人害怕的不是我们的枪，而是党指挥枪。

自古以来，军队领导体制突出将帅“个人领兵”，这容易造成“兵为将有、兵随将走”的“兵权私有”问题，其结果往往是“主帅在部队在，主帅亡部队散”。尤其值得警醒的是，军队一旦落入个别野心家、阴谋家手里，就会危及国家安全。孙中山曾言：“顾吾国之大患，莫大于武人之争雄。”

1927年的三湾改编，确立了党对军队的领导，并把“支部建在连上”，使得军队每一级都有党组织，这就从制度上根本解决了“兵权私有”的问题。

1929年5月，红四军在福建龙岩的一个叫湖雷的小村庄召开了前委会议，毛泽东在会上强调“一个子弹不问过党不能支配”，目的是要确保枪杆子牢牢地掌握在党而不是个人手中。

我们的军队不仅是党的军队，同时也是人民的军队。我军在诞生之日就把实现“平民利益”的革命初心庄严地写在自己的“出生证”——《中央委员宣言》里。

1939年5月，时任晋察冀军区司令员兼政委的聂荣臻发布通令，嘉奖平山团是“捍卫民族、捍卫边区和捍卫家乡的优秀的平山子弟兵”。这是“子弟兵”一词首次被用于称呼共产党领导下的人民武装，体现了人民军队的根本宗旨和与人民群众血浓于水的血脉联系。

党的军队、人民的军队是高度一致的，这种一致性是由军队的党性和人民性的内在一致决定的。1944年毛泽东在张思德追悼会上发表了《为人民服务》的演讲，深刻指出：“我们这个队伍完全是为着解放人民的，是彻底地为人民的利益工作的。”

邓小平指出："我确信，我们的军队能够始终不渝地坚持自己的性质。这个性质是，党的军队，人民的军队，社会主义国家的军队。"

人民军队爱人民，人民军队人民爱。来自人民、为了人民，始终与人民血肉相连、生死与共，是我军的鲜明特色和巨大优势，是从胜利走向胜利的基因密码。

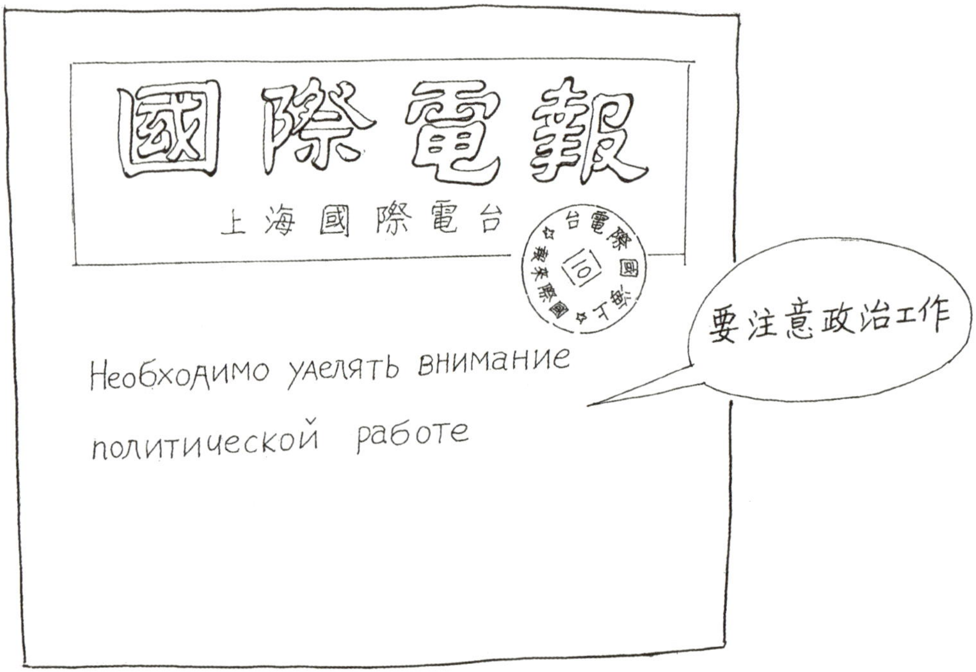

1919年5月，列宁在一封电报中明确提出“要注意政治工作”。他认为，无产阶级政党领导政权建设、经济建设和军队建设等业务工作时，必须有一个领导这些业务的“业务”——政治工作。

革命的政治工作是革命军队的生命线，保证了我军始终在党的绝对领导下行动和战斗，为我军战胜强大敌人和各种艰难险阻提供了不竭的力量源泉，使我军始终保持了人民军队的本色和作风。没有政治工作从政治上、思想上、组织上保证对军队的绝对领导，军队就没有了生命。

2014年10月，习近平总书记在古田全军政治工作会议上强调：“政治工作实质上是党领导和掌握军队的工作，我军作为执行党的政治任务的武装集团，要成为党绝对领导下的革命军队，必须坚持党的绝对领导，必须坚定不移听党的话、跟党走，必须做到党指向哪里、就打到哪里。”

第二部分

寻历史足迹：
听党指挥的军魂是怎样炼成的？

党的一大纲领原则性提出，革命军队必须与无产阶级一起推翻资本家阶级的政权。但由于种种原因，在建党初期，我们没有建立独立军队，而是以主要精力发动工农群众，开展革命斗争。

为了“到群众中去”，大力开展工人运动，中国共产党成立了公开领导工人运动的总机关——中国劳动组合书记部。书记部出版《劳动周刊》，兴办工人学校，组织产业工会，组织和领导工人罢工斗争。

中国共产党从诞生之日起，就开始注重发动农民的工作。1921年9月，经过共产党人的努力，浙江省萧山县衙前村成立了中国第一个农民协会。1922年6月，彭湃来到家乡广东省海丰县赤山约，经过艰苦的工作，成立了农会。1926年，毛泽东任所长的第六届农民运动讲习所在广州举办。

从1922年1月香港海员罢工到1923年2月京汉铁路工人罢工，中国掀起了第一次工人运动高潮，大小罢工100余次，参加者在30万人以上。但“二七”惨案血的教训证明：中国革命的敌人异常强大，仅仅依靠无产阶级孤军奋斗是不够的，必须争取一切可能的同盟者；仅仅依靠罢工这个武器去进行合法斗争也是不行的，必须用革命的武装去反对反革命的武装。

当时多数的共产党人，尤其是党的领导人没有真正认识到独立掌握武装对于革命的重要性，放弃了无产阶级对于农民群众、城市小资产阶级和民族资产阶级的领导权，尤其是对武装力量的领导权，工人运动惨遭镇压。

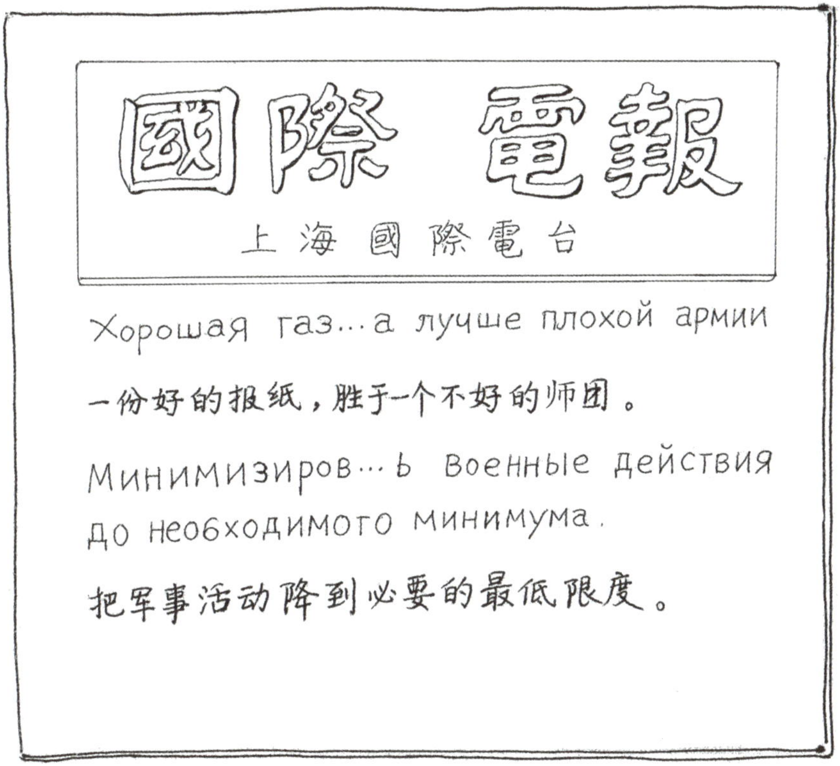

共产国际也主张："一份好的报纸，胜于一个不好的师团。""把军事活动降到必要的最低限度。"建党之初，我党作为共产国际的一个支部，直接受共产国际的领导。共产国际虽然对当时中国革命起了一定的积极作用，但由于并不真正了解中国实际情况，也进行了一些错误指导。幼年的中国共产党还难以摆脱共产国际那些错误指导思想的影响。

一批先进共产党人在大革命中也积极投身到组织和领导工农武装的斗争中去，为革命“准备好了红军的种子，准备好了红军的领导者即共产党，又准备好了参加过一次革命的民众”。

1924年5月，国共合作创办黄埔军校是我党从事军事活动的开端。特别是黄埔军校中的政治工作，是我党在军队中开展政治工作的初步尝试与实践。有军事专家评价道："黄埔军校，国共两党皆有所得，国民党得一批军事英才而用之，共产党则独辟政治工作试验田，相较而言后者意义似更深远。"

叶挺独立团是我党通过国共合作的方式掌握的一支武装力量。在这支部队中，团设党支部，连有党小组，党支部隶属中共广东区委军事部，周恩来亲自过问排以上的干部任免。叶挺独立团成为大革命期间我党唯一掌握的正规军事力量，成为日后南昌起义的主力军。

大革命失败后，从1927年3月到1928年上半年，被杀的共产党人和革命群众多达31万人，其中共产党员2.6万人。汪寿华、萧楚女、熊雄、陈延年、赵世炎、夏明翰、郭亮、罗亦农、向警予、陈乔年、周文雍等党的重要活动家先后牺牲。

在革命的危急关头，1927年7月中旬，中共中央政治局临时常委会决定了三件大事：将党所掌握和影响的部队向南昌集中，准备起义；组织湘、鄂、赣、粤四省的农民，在秋收季节举行暴动；召集中央会议，讨论和决定大革命失败后的新方针。

1927年8月1日，以周恩来为书记的中共中央前敌委员会及贺龙、叶挺、朱德、刘伯承等人，率领共产党掌握或影响下的北伐军两万多人在南昌举行起义。南昌起义是中国共产党直接领导的带有全局意义的一次武装起义，打响了武装反抗国民党反动派第一枪，标志着中国共产党创建人民军队的开端。

起义胜利后，中共中央前敌委员会在军、师设立党的委员会和党代表，在团设立总支部或支部并配备党代表，这是中国共产党第一次在军队中设立组织，在我军的建设史上具有标志性意义。为了确保起义部队牢牢地掌握在党的手里，起义部队最高领导机关明确规定，“党的作用高于一切”。

1927年8月7日，中共中央在湖北汉口秘密召开紧急会议（八七会议），确定了土地革命和武装反抗国民党反动派的总方针。在八七会议上，毛泽东作了重要发言，提出“须知政权是由枪杆子中取得的”著名论断。八七会议使中国共产党在政治上大大前进了一步，开始了从大革命失败到土地革命战争兴起的转折。

1927年9月9日，湘赣边界秋收起义爆发。起义军公开打出了“工农革命军”的旗帜。在攻打长沙的计划受挫后，起义部队决定南下，向敌人控制比较薄弱的农村区域转移，并于10月7日抵达江西省宁冈县茅坪，开始了创建井冈山革命根据地的斗争。

1927年9月29日，毛泽东带领不足千人的秋收起义军余部来到永新县三湾村。当晚，毛泽东在泰和祥杂货铺主持召开前敌委员会会议，决定对部队进行改编。主要有三项内容：一、整编部队；二、建立党的各级组织和党代表制度，把支部建在连上；三、在部队实行民主制度。

三湾改编在中国人民解放军的建军史上具有极其重大的历史意义。它初步解决了以农民和旧军人为主要成分的革命武装如何建设成一支党绝对领导下的无产阶级新型人民军队的问题。部队改编之后，虽然人员减少了，但队伍更精干了，部队的精神面貌焕然一新。

1927年10月中旬，毛泽东率领革命军来到湖南酃县水口镇，召开了各连党代表会议，并发展了6名新同志入党，史称“水口建党”。“水口建党”成为“支部建在连上”重要原则付诸实践的开端。

红军之所以艰难奋战而不溃散，“支部建在连上”是一个重要原因。三湾改编后，班、排设党小组，连设党支部，营以上设党委，连以上设党代表，使党委（支部）成为部队各级领导的核心，确保了党对军队的绝对领导落实到底。

九月来信

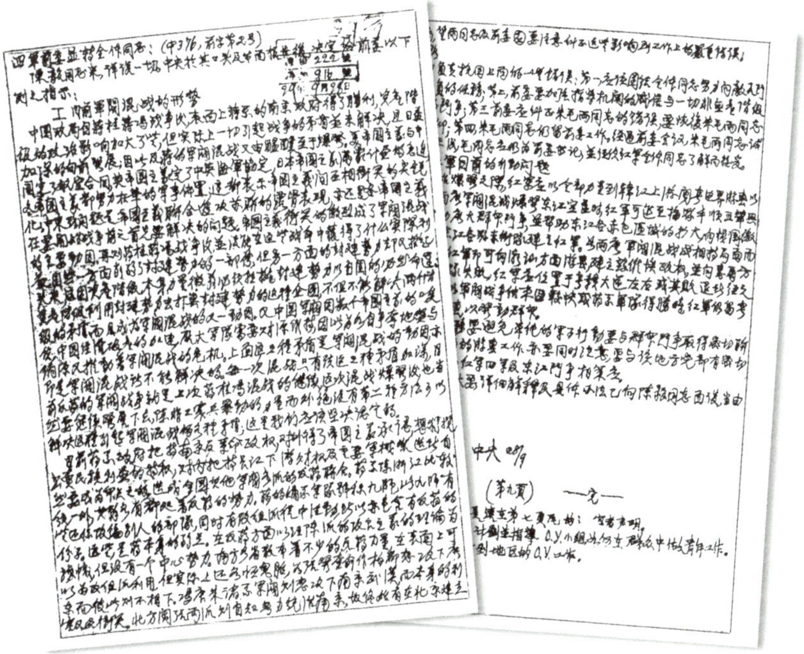

古田会议前，即1929年9月28日，中央发出了由陈毅起草、周恩来审定的致红四军前委的指示信，即“九月来信”。“九月来信”肯定了毛泽东的正确主张。

1929年12月3日，毛泽东、朱德率领红四军主力从福建长汀到达福建连城新泉。根据“九月来信”精神，前委扩大会议决定开展为期十天的军政整训即新泉整训，以彻底纠正党内的错误思想，全面提高部队官兵军政素质，为古田会议召开作了充分准备。

1929年12月28日，具有重要里程碑意义的古田会议在福建上杭县古田村召开。会议通过了毛泽东亲自起草的《中国共产党红军第四军第九次代表大会决议案》，即《古田会议决议》。

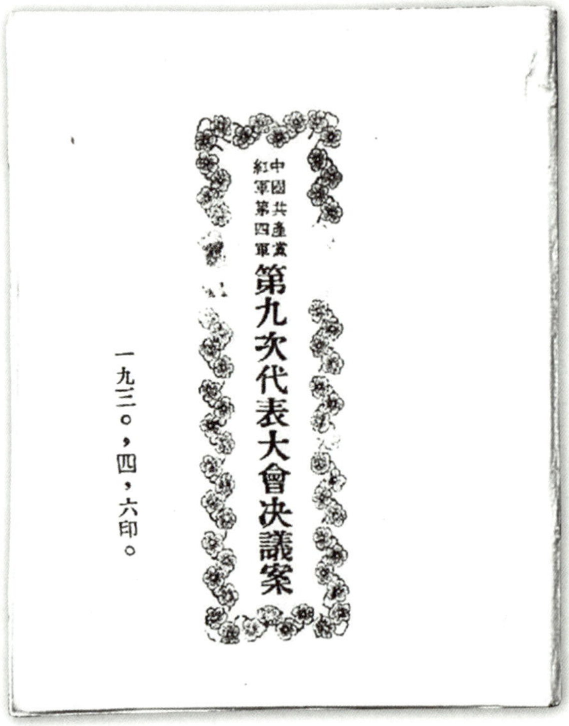

《古田会议决议》确立了“思想建党、政治建军”的原则，纠正和肃清了各种非无产阶级思想，确立了我军政治工作的方针、原则、制度，明确了新型人民军队建设的原则方向。

古田会议所规定的红军建设的各项原则，迅速越过闽西山峦，传遍各个根据地，不但在红四军中得到实行，也在各地红军中逐步实行，成为指引整个红军建设的航标与指南，对加强党和红军的建设产生了深远影响。

罗荣桓说：“古田会议以后，我军要建设一支什么样的军队就定型了。”古田会议使我军实现了浴火重生、凤凰涅槃。从那以后，在党领导下，我军由小到大、由弱到强，不断从胜利走向胜利。

在党的坚强领导下，红一方面军相继取得了第一、二、三次反“围剿”作战胜利，把赣南、闽西革命根据地连成一片，形成了拥有21座县城、250万人口、5万平方公里土地的中央革命根据地。与此同时，鄂豫皖、湘鄂西、湘赣、湘鄂赣等革命根据地也都得到了发展。

由于王明“左”倾教条主义的错误，对中国革命造成了极其严重的危害。第五次反“围剿”失败，使红军和革命根据地损失了百分之九十，红军不得不退出根据地实行战略转移——长征。

1934年10月中旬，中共中央机关和中央红军8.6万余人撤离中央苏区，向西突围转移，开始长征。其后，1935年3月、4月，红四方面军从川陕革命根据地出发长征。同年11月，红二、红六军团（后组成红二方面军）从湘鄂川黔革命根据地出发长征。

长征开始以后，党内“左”倾教条主义领导者实行军事上的逃跑主义，部队损失惨重。在强渡湘江之后，中央红军和中央机关人员锐减到3万多人。

1935年1月15日至17日，中共中央政治局在遵义召开扩大会议。遵义会议在党的历史上是一个生死攸关的转折点，在最危急关头挽救了党，挽救了红军，挽救了中国革命。

遵义会议决定，由周恩来、毛泽东、王稼祥组成的新三人团取代博古、李德、周恩来旧三人团，代表中央政治局全权指挥红军军事行动。在毛泽东等人的领导下，中央红军采取灵活机动的战略战术，四渡赤水河，巧渡金沙江，抢渡大渡河，翻越人迹罕至、终年积雪的夹金山，摆脱了数十万国民党军队的围追堵截，赢得了战争的主动权。

1935年6月中央红军抵达四川懋功（今小金）地区，同5月初离开川陕革命根据地实行转移到达那里的红四方面军会师。然而，红四方面军领导人张国焘自恃人多枪多，公然伸手向党要兵权，在卓木碉另立“中央”，自封主席，公开分裂党，分裂红军。

1935年8月初，红一、红四方面军混合编成左右两路军北上，朱德、张国焘、刘伯承等人率红军总司令部随左路军行动。在行军中，朱德、刘伯承等人同张国焘的分裂行径进行了坚决的斗争。

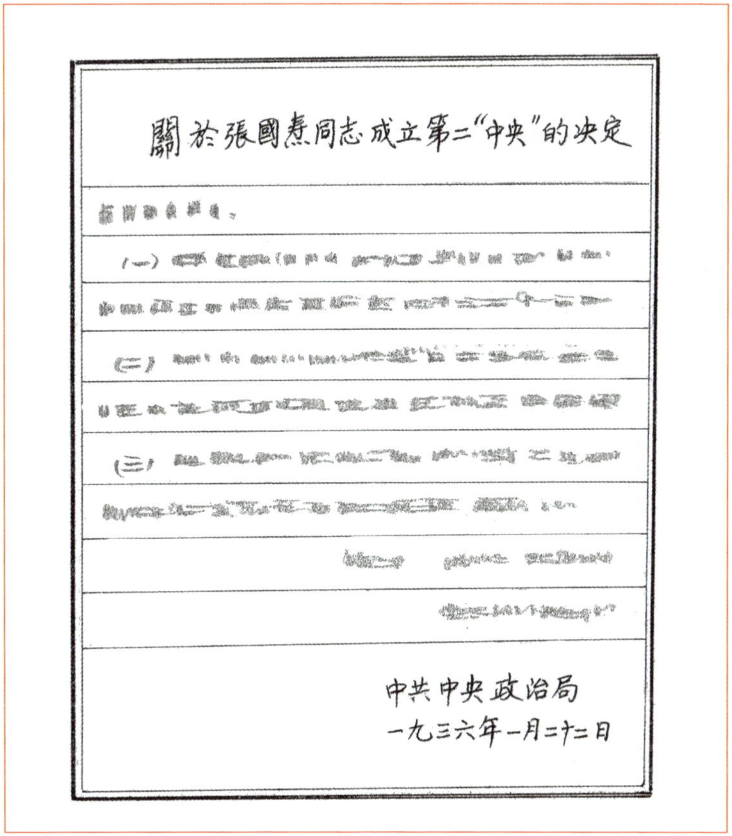

關於張國燾同志成立第二"中央"的決定

[illegible]

（一）[illegible]

（二）[illegible]

（三）[illegible]

中共中央政治局
一九三六年一月二十二日

1936年1月22日，中共中央政治局作出《关于张国焘同志成立第二“中央”的决定》，责令他立即撤销另立的“中央”，放弃一切反党倾向。在党中央、共产国际和广大红军指战员的责令和督促下，张国焘不得不于1936年6月6日宣布取消另立的“中央”。

在党中央的坚强领导下，全体红军官兵铁心向党、顾全大局、严守纪律，最终战胜了张国焘的分裂主义，取得了长征的伟大胜利。为此，毛泽东深刻指出：“共产党员不争个人的兵权，但要争党的兵权，要争人民的兵权。”“我们的原则是党指挥枪，而决不容许枪指挥党。”

1938年清明节，身为陕甘宁边区政府副主席的张国焘利用作为中共代表祭扫黄帝陵之机，坐上了国民党西北行营主任蒋鼎文的车去西安。贴身警卫兼副官张海焦急地对他说：“毛主席不是说了，叫你扫完墓就回延安吗？”但张国焘不予理睬。

1938年4月11日，张国焘从西安跑到汉口，周恩来、李克农赶到大华饭店劝说张国焘，希望他住到八路军武汉办事处去，并同他推心置腹进行了一次长谈。4月15日，张国焘留下一张字条，不辞而别。

临行前，张国焘问警卫员张海愿不愿意跟他走，张海表示不愿意。事后张海说："他不革命，我还要革命呢！"表示坚决同张国焘断绝关系。张国焘自恃枪多人多，想带着人马另立山头，最后变成孤家寡人，出逃时连个警卫员都带不走。

九一八事变后，在中华民族处于生死存亡的危急关头，中国共产党率先举起了武装抗日的旗帜，西安事变迫使蒋介石作出了“停止剿共，联红抗日”的承诺。然而，蒋介石却不愿承认共产党的平等地位，竭力压缩红军的编制和人数，特别强调要“毛泽东朱德出国留洋”，其真实意图，就是让毛泽东、朱德交出军权。

毛泽东告诫全党，一定要吸取国共合作中共产党不重视掌握武装斗争和军队领导权的教训，一定要坚持统一战线中的独立自主原则。共产党员不争个人的兵权，但要争党的兵权，要争人民的兵权。

为了团结抗战的大局，1937年8月25日，中共中央革命军事委员会主席毛泽东，副主席朱德、周恩来签发《关于红军改编为国民革命军第八路军的命令》，中国工农红军接受国民政府改编。并强调，各师改编后必须加强党的领导，坚决执行党中央与军委会的命令，为党的路线及政策而斗争。

1937年8月28日，泾阳县云阳镇，红七十八师改编大会在瓢泼大雨中进行。大会议程之一是更换国民革命军服饰。尽管之前已经进行了教育，可是现场3000多名红军将士仍然不肯换装。见此情景，刘伯承指着军帽上的青天白日帽徽大声说：“换个帽徽算什么，只要我们的心是红的，我们是‘白皮红心萝卜’！”

红心就是初心。为了实现民族的独立、人民的解放，广大红军指战员毅然决然与沾满了亲人和革命同志鲜血的国民党军相逢一笑泯恩仇，联合抗日，共赴国难。

1937年9月，八路军第一一五师主力在晋东北平型关附近伏击日军，歼敌1000余人，击毁汽车100多辆，取得全国抗战爆发后中国军队主动对日作战的第一次重大胜利，粉碎了日军所谓“不可战胜”的神话。

1937年10月18日至21日，八路军第一二〇师三五八旅七一六团在山西省代县雁门关以南伏击日军，共毙伤日军500余人，击毁汽车30余辆。

八路军第一二九师以一营兵力担任主攻，夜袭阳明堡日军机场，毁伤敌机20多架，消灭敌守备队100余人，削弱了彼时敌人的空中突击和运输力量，有力地配合了友军在正面战场的作战。

1940年8月至翌年1月下旬，八路军总部调集105个团共20余万人，对华北日军发动了一场大规模的以破袭敌人交通线为重要目标的进攻战役，史称百团大战。百团大战给日军的“囚笼政策”以沉重打击，钳制了日军大量兵力，打击了日军的侵略气焰，振奋了全国军民的抗战信心。

红军部队改编之后，曾一度取消政治委员和政治机关，部队作风明显变得松垮，军阀习气开始滋长蔓延。时任总政治部组织部长的黄克诚对此深感忧虑，并立即将调研情况向总政治部主任任弼时报告，建议恢复政治委员和政治机关。

1937年10月19日，朱德、彭德怀、任弼时向党中央发出“关于恢复政治委员及政治机关原有制度”的电报，很快就得到党中央的批复。

1937 年10月25日，毛泽东在与英国记者贝特兰谈话时说：“那时军队设立了党代表和政治部，这种制度是中国历史上没有的，靠了这种制度使军队一新其面目。”由此可见，政治委员和政治机关制度在我军发展壮大中起到了非常重要的作用。

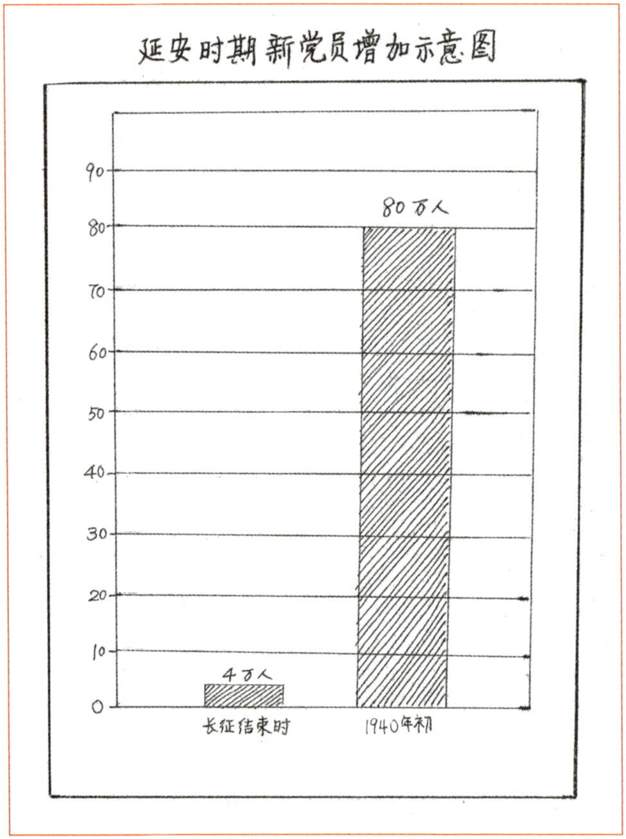

到1940年年初，中国共产党党员已从长征结束时的4万人发展到80万人，其中90%以上是抗日战争以来加入的新党员，他们大多数是农民、小资产阶级出身，对真假马克思主义缺乏鉴别力，急需提高他们的马克思主义理论素养。

1937年11月14日，在苏联生活了整整6年的王明回国了，这位被毛泽东称为“昆仑山上下来的神仙”下车伊始，其“左”倾错误还没有得到应有的清算，又提出“一切经过统一战线，一切服从统一战线”，完全放弃无产阶级在统一战线中的领导权的右倾错误主张。

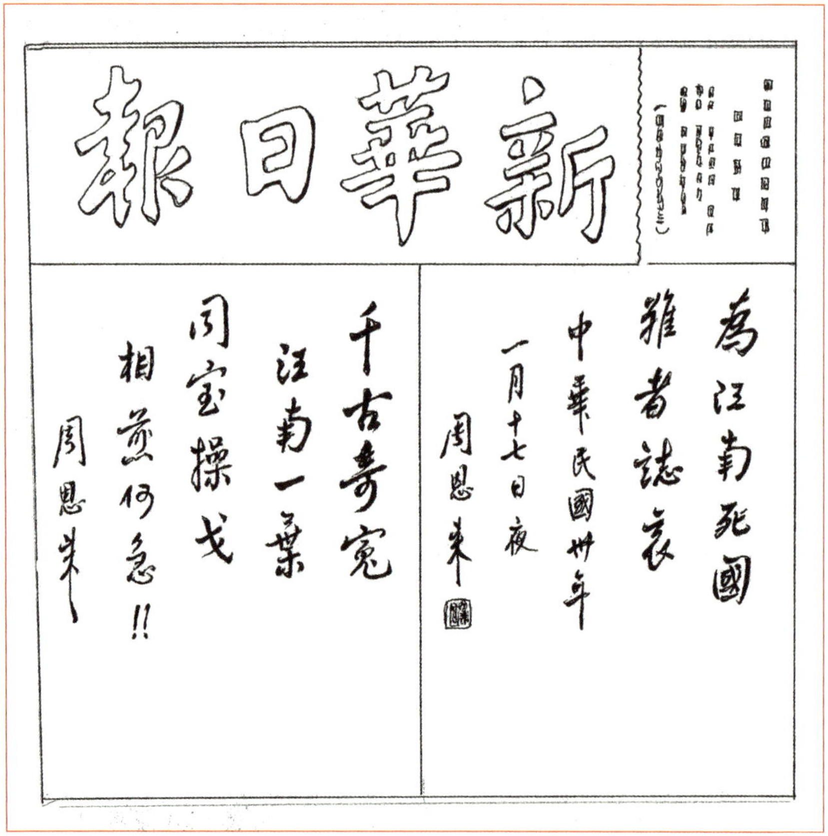

新華日報

為江南死國難者誌哀
中華民國卅年一月十七日夜
周恩来

千古奇冤
江南一葉
同室操戈
相煎何急!!
周恩来

受王明右倾错误影响，部分地区在处理与国民党的关系时未能坚持独立自立的原则，因而使党的事业受到了不应有的损失。其中，王明右倾错误对东南分局和新四军工作产生了严重影响，最终造成震惊中外的“皖南事变”的发生。

1941年5月，毛泽东在延安高级干部会议上作了《改造我们的学习》的报告，整风运动首先在党的高级干部中进行。1942年2月，毛泽东先后作了《整顿党的作风》和《反对党八股》的讲演，整风运动在全党范围内普遍展开。

整风运动的主要内容是反对主观主义、宗派主义、党八股以树立马克思主义的作风。其中，反对主观主义以整顿学风是整风运动最主要的任务。

1940年，中共中央明确将每年5月5日，即马克思生日这天定为“干部学习节”。在第一届学习节，评出了39个“模范小组”，朱德还被评为“模范学生”。1942年5月21日，中共中央政治局召开会议决定，成立中央总学习委员会，毛泽东负总责。

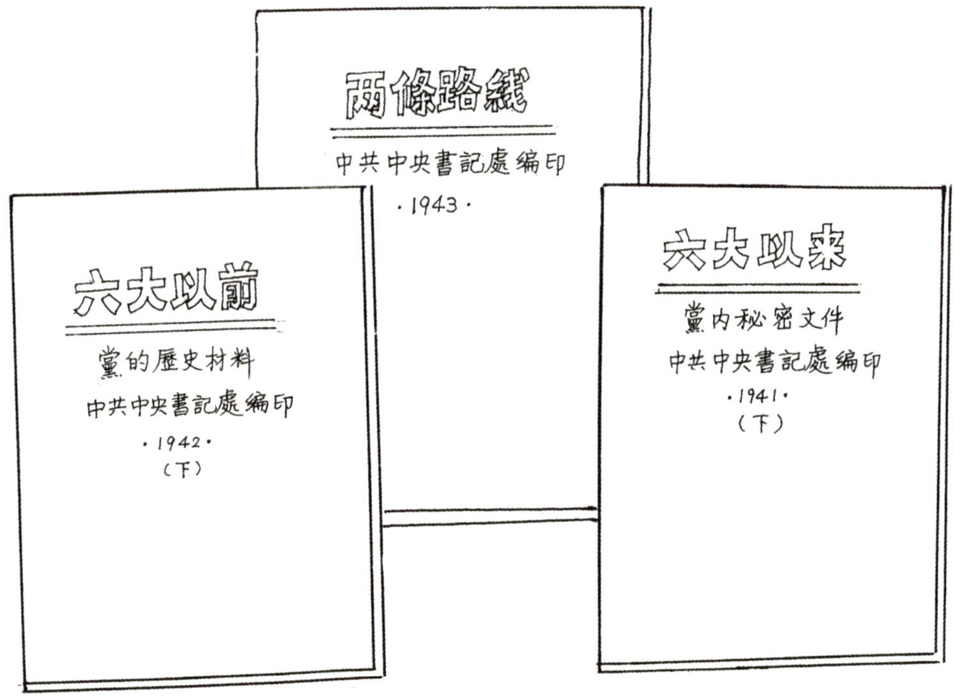

为总结中国共产党建党以来的经验和教训，彻底纠正王明路线和“左”倾错误，在毛泽东的主持下，中共中央书记处编辑出版了《六大以前》《六大以来》《两条路线》等历史文献。这是中国共产党第一次系统、自觉地总结党的历史经验的成果，为开展全党性的整风运动和党史研究与学习提供了宝贵教材。

延安整风运动是全党范围内一次普遍的马克思主义教育运动，也是一次影响深远的思想解放运动，确立了实事求是的思想路线，在中国共产党历史上写下了光辉的一页。

1944年4月11日，受毛泽东委托，总政治部副主任谭政在中共中央西北局高级干部会议上作《关于军队政治工作问题》的报告（又称“谭政报告”）。毛泽东对“谭政报告”予以高度评价：“谭政，谈政也。”

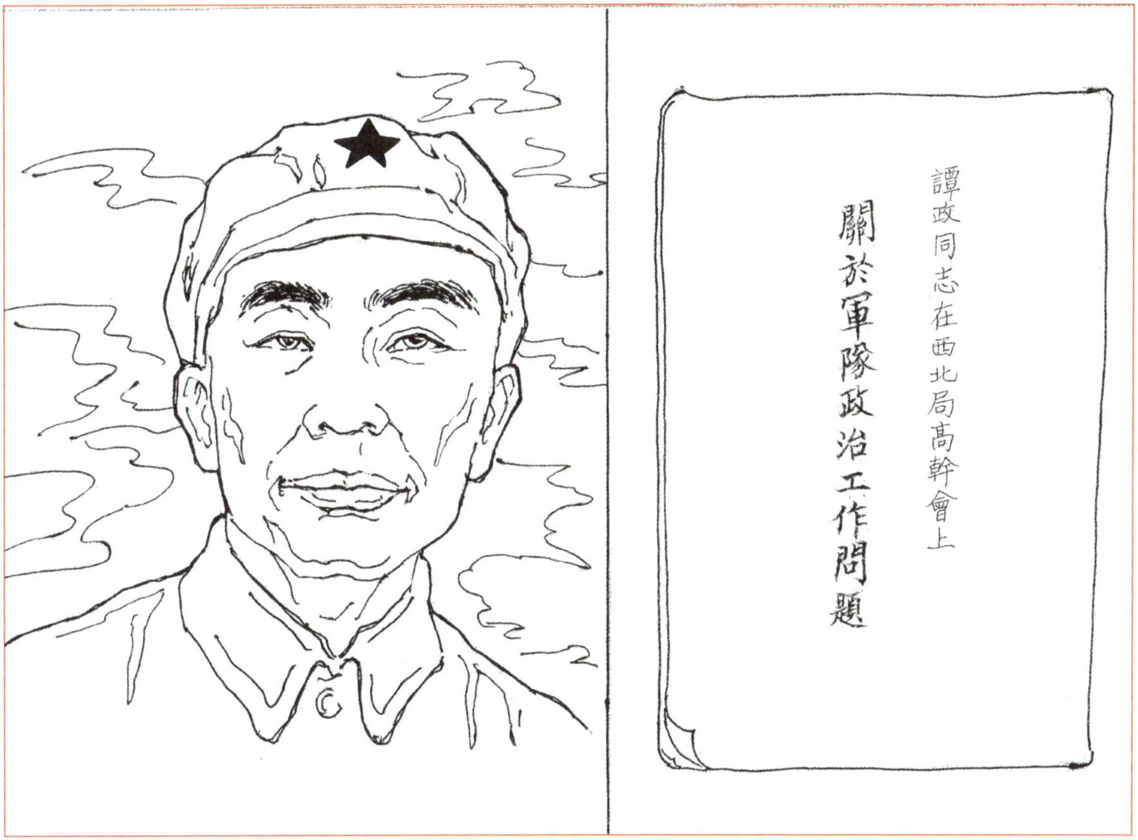

“谭政报告”全面总结历史经验，对军队政治工作带共性的、规律性的问题进行理论概括，重申了“共产党领导的革命的政治工作是革命军队的生命线”。

1945年8月15日，日本宣布无条件投降。为了尽一切努力争取国内和平，毛泽东亲自率领中共代表团赴重庆参加谈判。

毛泽东不顾个人安危，亲赴重庆，让世人进一步认清中国共产党谋求和平的真诚愿望，受到广泛赞誉。诗人柳亚子赋诗，称颂毛泽东的这一行动是“弥天大勇”。张治中将军也说，这是“中国历史上一件大事”。

但是，蒋介石玩弄“假和谈，真分裂”阴谋，威逼利诱、软硬兼施，妄图逼迫引诱共产党交出军队，夺取共产党军队的控制权，一次性解决“共产党问题”。蒋介石曾对美国驻中国大使赫尔利说：“如今关键，是以谈判之法压缩、裁撤取消中共军队。”

中国共产党及时识破蒋介石的阴谋，始终坚持原则底线，认为保存一定数量的军队，是能够与国民党蒋介石抗衡的关键。因此“人民的武装，一枝枪、一粒子弹，都要保存，不能交出去”。

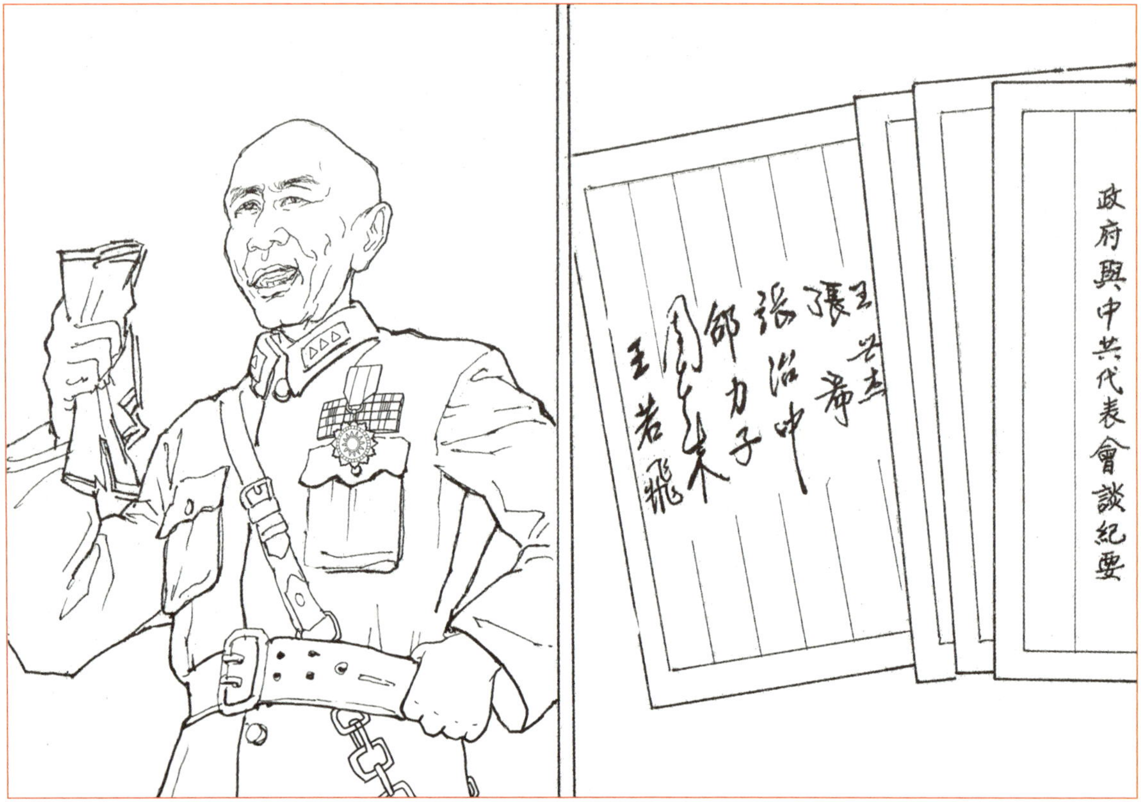

1946年6月底，国民党当局在完成战争准备后，即撕毁停战协定和政协协议，悍然向解放区发动全面进攻，挑起了全国性的内战。

1931年11月，由于受王明“左”倾错误影响，我党以政治委员全权代表制取代党委制，严重削弱了党在红军中的集体领导，致使红军遭受严重损失。抗日战争时期团以上部队成立军政委员会取代党委会，发挥了党委会功能，但仍存在很大局限，集体领导作用发挥不明显。为此，党的七大正式提出恢复党委制。

解放战争时期我军党委制的恢复与健全，确保了党对军队的绝对领导，为夺取解放战争胜利提供了强大的政治保证和组织保证。

为了提高战士的思想觉悟，部队开展诉旧社会和反动派给予劳动人民之苦，查阶级、查工作、查斗志的“诉苦三查”运动。

1948年年初，毛泽东听完西北野战军关于开展“诉苦三查”运动的汇报后说：“很好！很好！我们从中央苏区起就想找到一个教育俘虏兵的好方法，这次‘诉苦三查’的办法把这个问题解决了。”“诉苦三查”运动最后定名为“新式整军运动”。

解放战争时期，为了反对分散主义，使中央有可能在事先或事后帮助各地不犯或者少犯错误，争取革命胜利，党对建立报告制度提出了更明确的要求。1948年1月7日，毛泽东为中共中央起草了《关于建立报告制度》。此后，中共中央根据形势的需要，对请示报告制度作了多次补充完善，要求各级党组织和军事机关严格执行。

《关于建立报告制度》指示发出后，除林彪领导的东北局外，其他单位都按规定写了综合报告。为此，毛泽东曾三次电催东北局按规定向中央递交政策性综合报告，对东北局的“敷衍态度”提出批评。在毛泽东严厉批评下，东北局认真开会检讨，并向中央提交了综合报告和检讨报告。

请示报告制度是我党的重要纪律和规矩。1948年9月，中央政治局召开会议，通过了《中共中央关于各中央局、分局、军区、军委分会及前委会向中央请示报告制度的决议》。请示报告等各项制度的建立和落实，确保了党对军队的绝对领导，保证党中央、中央军委政令军令畅通，为人民军队不断从胜利走向胜利提供了坚实的制度基础。

辽沈战役自1948年9月12日开始至11月2日结束，历时52天，共歼敌47.3万人。

淮海战役自1948年11月6日开始至1949年1月10日结束，历时66天，歼敌55.5万人。

平津战役自1948年11月29日开始至1949年1月31日结束，历时64天，歼灭和改编国民党军队52万余人。

在党的坚强领导下，数百万民兵、民工积极参战支前，把强大的敌人淹没在人民战争的汪洋大海之中。正如陈毅所指出：淮海战役的胜利是人民群众用小车推出来的。

“嘀哒”“嘀哒”的声音就是党中央的声音。在指挥三大战役时，由毛泽东亲自起草的电报就有197封。周恩来曾风趣地说：西柏坡一不发人，二不发枪，三不发粮，只发电报，就把国民党打败了！

蒋介石虽然坐拥数百万军队，人员装备数量质量远超我军，但内部派系林立，相互掣肘；一些军阀集团一直与蒋介石明争暗斗，不听调遣，纵然蒋介石亲临一线指挥，也难以挽回败局。

解放军进入上海前，陈毅强调两条铁律，一是市区作战不许使用重武器，二是部队入城后不许进入民宅。毛泽东听说后，高兴地连说了四个“很好”。

1949年5月28日早晨，荣毅仁像往常一样推开大门，看到惊人的一幕：门前大街上睡满了浑身尘土的解放军官兵，没有发生一起士兵入住民房的事件。他连声感叹：国民党再也回不来了！

第三部分

析制度机理：
听党指挥的制度优势在哪里？

党对军队的绝对领导是我军永远不变的“军魂”。党对军队实行绝对的唯一的领导，完全符合现代政党政治的基本规律、政权与军权相统一的政治规律，符合中国革命历史发展的实际，符合法律规范，合情、合理、合法。

1949年制定的起临时宪法作用的《中国人民政治协商会议共同纲领》，明确要求在军队中“建立政治工作制度”，完全确立党领导军队的制度。

我国第一部宪法对党在国家政治生活中的领导地位、军队在国家体制中的地位作用和国家军事领导体制等作出规定。

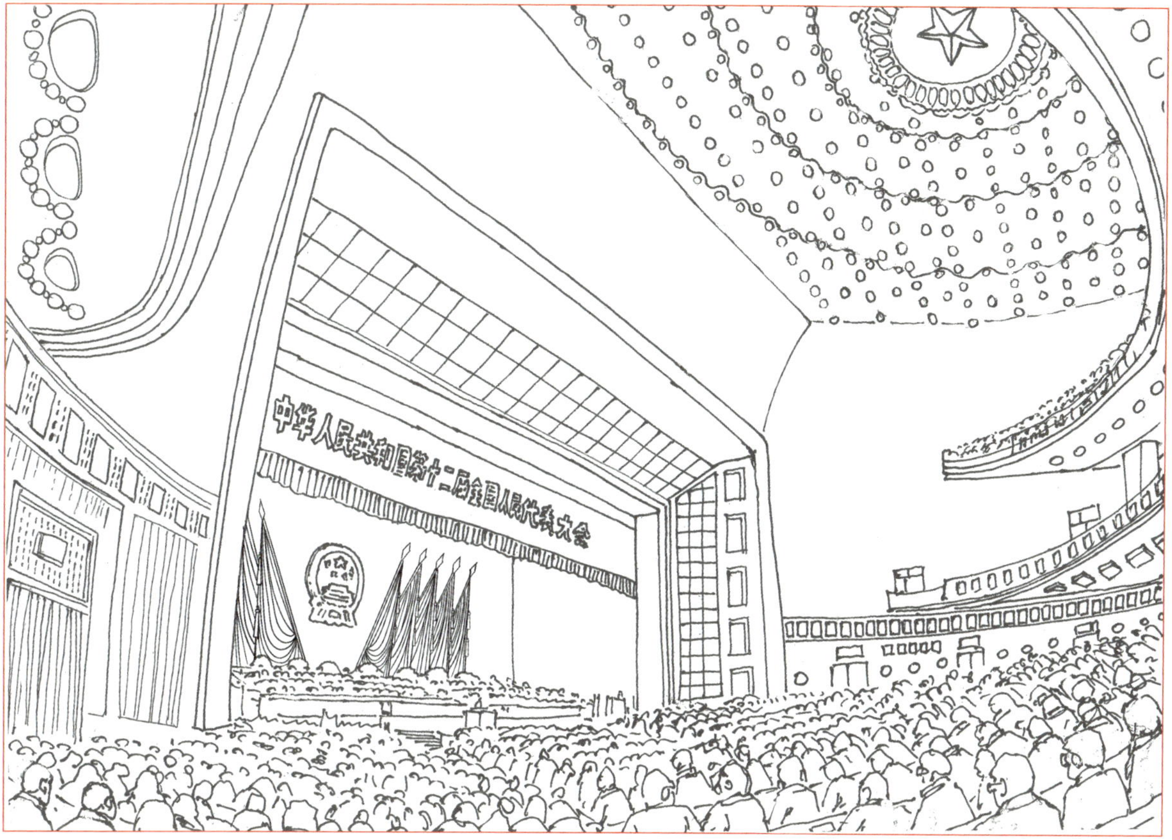

党对军队绝对领导作为国家军事制度的基本组成部分和核心原则，也是中国特色社会主义制度体系的重要组成部分。

中国共产党是人民军队唯一的领导者和指挥者，人民军队的最高领导权和指挥权属于党中央，人民军队必须完全地无条件地置于中国共产党的领导之下，任何时候任何情况下都应坚决听从党中央、中央军委指挥。

1982年在起草宪法时，邓小平提出宪法要专门规定设军委主席。根据邓小平的意见，宪法（草案）第三章“国家机构”增加了第四节，专门对中央军事委员会作出规定。邓小平亲自主持讨论和起草了这一节，写了两条：一条是中央军委领导全国武装力量，中央军委实行主席负责制；另一条是规定军委主席向全国人大及其常委会负责。

党的十九大通过的党章明确规定，中央军事委员会实行主席负责制。

军委主席负责制是党章和宪法规定的重大制度，是坚持党对军队绝对领导的根本制度和根本实现形式。历史雄辩地证明，如果军委主席负责制落实不好，党对军队的绝对领导就会从根本上受到削弱，军队高度集中统一就会失去“主心骨”。

党的十八大以来，中央军委修订《中央军事委员会工作规则》，指导建立请示报告、督促检查、信息服务三项机制，为全军贯彻军委主席负责制提供了重要制度保障。

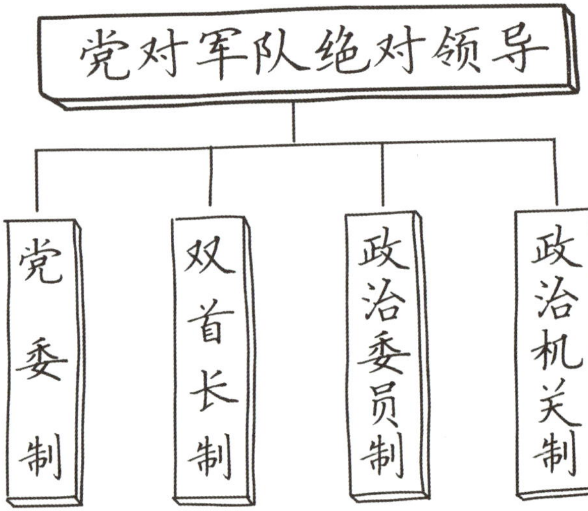

党委制、双首长制、政治委员制和政治机关制是我军政治工作的根本制度，是党对军队绝对领导制度架构体系的“四梁八柱”。

2014年10月，习近平主席在古田全军政治工作会议上指出：“坚持党对军队绝对领导是有一整套制度作保证的，起定海神针作用的是党委统一的集体领导下的首长分工负责制。”这一制度的本质，用毛泽东的话说是：“对外不让别人说了算，对内不让个人说了算。”

党委对作战的统一领导，是我军的特有优势。它为确保我军集中统一、高效指挥、能打胜仗提供了重要制度支撑。

政治委员、政治教导员、政治指导员是本单位的政治主官，是本单位党组织日常工作的主持者，在本单位党组织的领导下开展工作。政治委员制的确立，对于坚持政治工作生命线地位、发挥政治工作作用、加强部队的政治建设、完成各项任务，有着重大的影响。

双首长制既有效防止了“个人说了算，个人包办一切”的做法，又可以很好地实现军政首长间的分工合作，达到“唱好协作曲，演好一台戏”的目的。

团以上部队设立政治机关。政治机关包括政治工作部门、纪委监委工作机构、党委政法委员会。政治机关是党领导和掌握军队工作的具体组织者、落实者，是政治工作的主体力量，直接关系到党指挥枪原则的落实。

周恩来在党的六大军事报告中指出：“红军一定有政治工作，党负责政治工作，政治部是党在军队中最高机关。”

支部建在连上是党指挥枪原则落地生根的坚实基础。党在连和相当于连的单位设立的支部，是该单位统一领导和团结的核心。毛泽东在总结井冈山斗争经验时说："红军所以艰难奋战而不溃散，'支部建在连上'是一个重要原因。"

基层党组织是党全部工作和战斗力的基础，是落实党的路线方针政策和各项工作任务的“毛细血管”，是党的“神经末梢”。毛泽东曾风趣地说：“如果我们跟敌人比武器的话，那是叫花子跟龙王爷比宝，我们是比不过人家的。我们靠什么取胜呢？靠强有力的思想政治工作，靠人的力量。”

“建设我军为世界上第二支最优良的现代化的军队”被毛泽东加上了“革命”二字，成为“建设我军为世界上第二支最优良的现代化的革命军队”。西点军校的一位军事专家曾指出，不怕中国军队现代化，就怕中国军队毛泽东化。

第四部分

驱思想雾霾：
听党指挥面临哪些严峻挑战？

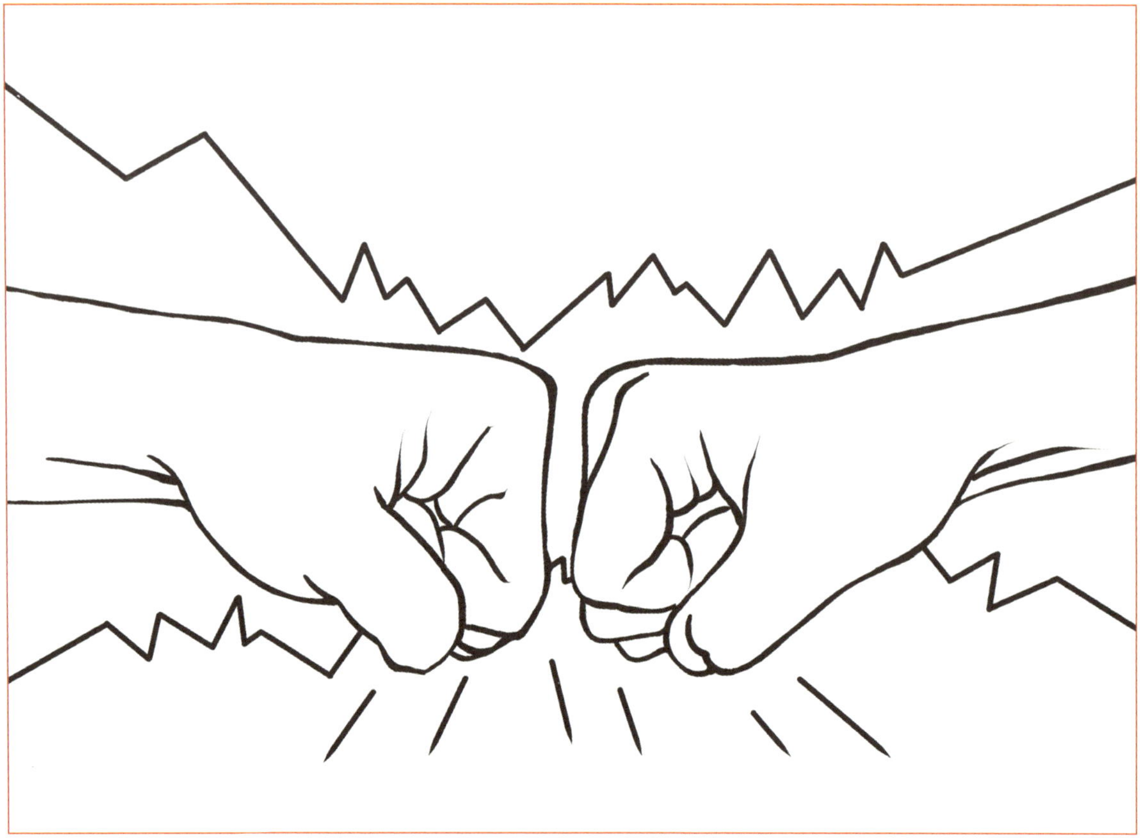

意识形态领域的斗争是一场严肃的政治斗争，是一场你死我活的较量。

各种敌对势力千方百计对我军实施网上“文化冷战”和“政治转基因工程”，就是妄图对我军官兵拔根去魂，把军队从党的旗帜下拉出去，企图改变人民军队的性质宗旨和政治本色。

2011 年，美国前驻华大使洪博培在总统候选人竞选辩论上，说了这样一段话："我们应该联合我们的盟友和中国国内的支持者。他们是被称为互联网一代的年轻人……他们将带来变化，类似的变化将扳倒中国。"

各种敌对势力极力鼓吹“军队非党化”“军队非政治化”和“军队国家化”等错误舆论，其险恶用心就是“化”掉中国共产党的领导，妄图对我军拔根去魂，把我军从党的旗帜下拉出去，想方设法动摇和破坏我军这个坚强柱石和钢铁长城。

美国鼓吹“军队非党化”，而事实上，自从美国两党制形成以来，美国三军统帅——总统，全部由民主党、共和党的领袖担任。

资本主义国家之所以宣扬“军队非党化”，其真实意图是让军队“非无产阶级化”“非共产党化”。美国国内安全法规定：美国的一切共产主义组织，都必须到联邦司法部门登记注册；经过登记的共产主义组织的成员，不准在政府机关和军工企业就业。

西方国家为了确保“长枪的扳机”牢牢地掌握在资产阶级政治家手中，他们通过采取文官治军、牧师随军、“公民教育”等政治性工作，对军队实施强力控制。

海湾战争结束以后，时任美军参谋长联席会议主席的鲍威尔则说：“我的大量时间通常花在揣摩政治环境上。人们有时说我是个政治将军，事实上华盛顿没有不讲政治的将军，不讲政治就当不了将军，因为这是我们制度的本质。”

冷战期间，西方敌对势力企图以战争之外的手段诱压苏联和东欧国家，让握有“国家机器的枪杆子、经济上的钱袋子、传媒上的笔杆子、司法上的刀把子”大权的人与机构逐渐“西化”，促使他们向西方靠拢，向资本主义“和平演变”。

从20世纪50年代开始，西方敌对势力从未放松对我国的“渗透”、“演变”和“颠覆”活动，美国中情局还专门针对中国制定了极其机密的“行事守则”，经过不断修改，至今已形成了十项，内部代号为《十条诫令》。东欧剧变、苏联解体后，西方敌对势力加紧对我国进行“和平演变”，并企图从我军打开缺口。因为他们明白，只要中国共产党掌握着军队，只要军队不变质，他们想在我国搞“和平演变”只能是痴心妄想。

当初苏联人民轻信了一些人的蛊惑，以为让苏共倒台搞美式民主就是美好幸福生活的开始，但随之而来的却是一场浩劫。

从20世纪80年代起，苏共主动放弃对军队的领导权，逐步削减军内各级政治机关和约8万名政治工作军官，相继撤销总政治部和军内马列主义学校，并以法律形式规定军人活动不受政党决议的束缚，最终因失军权而失政权。

美国中情局前局长罗伯特·盖茨在莫斯科红场上说：“我们知道，无论施加经济压力，还是进行军备竞赛，甚至用武力也拿不下来，只能通过内部爆炸来毁灭它。”

美国前总统尼克松在他的《1999：不战而胜》中写道：“当有一天中国的年轻人已经不再相信他们老祖宗的教导和他们的传统文化，我们美国人就不战而胜了。”

颜色革命，是指20世纪末以来，在美欧国家支持下，旨在推翻某国传统政权，以西方价值观为旗帜建立亲美欧政权的“政权更迭”。参与者们通常采用一种特别的颜色或者花朵来作为他们的标志，所以也称花朵革命。“颜色革命”因其性质恶劣和危害极大而变得臭名昭著，引起许多国家的高度警惕和防范。

西方国家极力渲染灌输“普世价值”，企图按西方政治理念和制度模式改造他国的政治制度，使之变成资本主义的附庸，从而更好地无阻拦地在全球范围内攫取利益。西亚北非的动荡局势再次警醒人们，“普世价值”“普世”到谁家，谁就家破人亡。

在新型冠状病毒面前，西方“普世价值”所推崇的“自由”“民主”“人权”被打得一败涂地、体无完肤。

西方式“宪政民主”本质上是“金主”“钱主”，没有金钱谁也别想做主。据报道，以“普通美国人利益的代表”自居的美国总统特朗普在其第一任期内公布提名的17位内阁成员，其财富超过了美国三分之一的家庭财富总和。

一些照搬西方“宪政民主”的发展中国家也出现了严重的“水土不服”，民主政治最终搞成了“四不像”，并导致这些国家党派纷争、政局动荡、经济停滞。

晚清思想家龚自珍曾说过：“灭人之国，必先去其史。”一个抛弃或者背叛自己历史文化的民族，不仅不可能发展起来，而且会酿成历史悲剧。历史虚无主义所做的就是利用灭史、去史来达成“灭其国”之目的。

20世纪80至90年代，苏联一些“公知”几乎“黑”遍包括列宁和卓娅在内的所有苏联人民引以为豪的英雄人物。有资料表明，当时苏联一些“公知”所办的刊物背后都有西方大国的资金支撑。

一个没有英雄的民族是不幸的，一个有英雄却不知敬重爱惜的民族是无可救药的，有了伟大的人物，而不知拥护、爱戴、崇仰的国家，是没有希望的奴隶之邦。

2016年3月3日，“狼牙山五壮士”的后人致信全国人大，呼吁尽快制定保护英烈名誉的相关法律。2018年5月1日，《中华人民共和国英雄烈士保护法》正式实施。

"低级红""高级黑"意指那种口蜜腹剑的挖苦讽刺和揶揄，与普通"喷子""一般黑"相比，"高级黑"更讲艺术性，以更加隐蔽、更具迷惑性的方式出现。如果不擦亮眼睛，很容易掉进陷阱，被错误思想所"绑架"。难怪有网友讲，"世上最可怕的不是喷子，而是高级黑"。个别别有用心的人企图通过抹黑人民子弟兵，达成抹黑我们党和政府、抹黑中国特色社会主义制度之险恶目的。

有人说："军人只是一种职业，凭什么让全社会尊崇？"那么请问，如果军人只是一种普通的职业，当战争来临时，难道还可以打辞职报告？恩格斯指出，军队不生产谷物，但生产安全。军人的价值就在于牺牲自己的"安全"换来国家和人民的"安全"。正是因为如此，古今中外任何一支军队都把"勇于献身"作为衡量军人价值的核心标准。

拿破仑曾经说过："如果一个国家的军人还不如商人受人敬仰，那么这个国家离亡国就不远了。"

“军人优先”符合法律规定，也是国际通行做法。

“军人依法优先”实质上是突出“国家安全优先”。这不仅是国家赋予军人的一项合法权益，也是为了国家安全的战备需要，营造全社会关心国防、支持国防、建设国防的良好氛围。

“军人优先”更多体现的是为国牺牲奉献优先。无论是硝烟迷漫的战场，还是抗灾救灾的现场，人民子弟兵获得“最可爱的人”“最美逆行”“最美睡姿”等荣誉和点赞都是在无私无畏的流血牺牲中赢得的。

2008年汶川地震时，一篇网帖《解放军抗震救灾让西方人不明白》引发热议。文章提出：为什么解放军抗震救灾不带枪，而2005年美国新奥尔良市飓风灾害时，奉命赶往灾区的国民警卫队却荷枪实弹？

抢险救灾美军带“枪”是保护资产阶级的私有财产，我军带“锹”是保护人民群众的生命财产安全。带“枪”和带“锹”的区别，折射了两支军队究竟是谁的军队、为谁服务的根本属性。

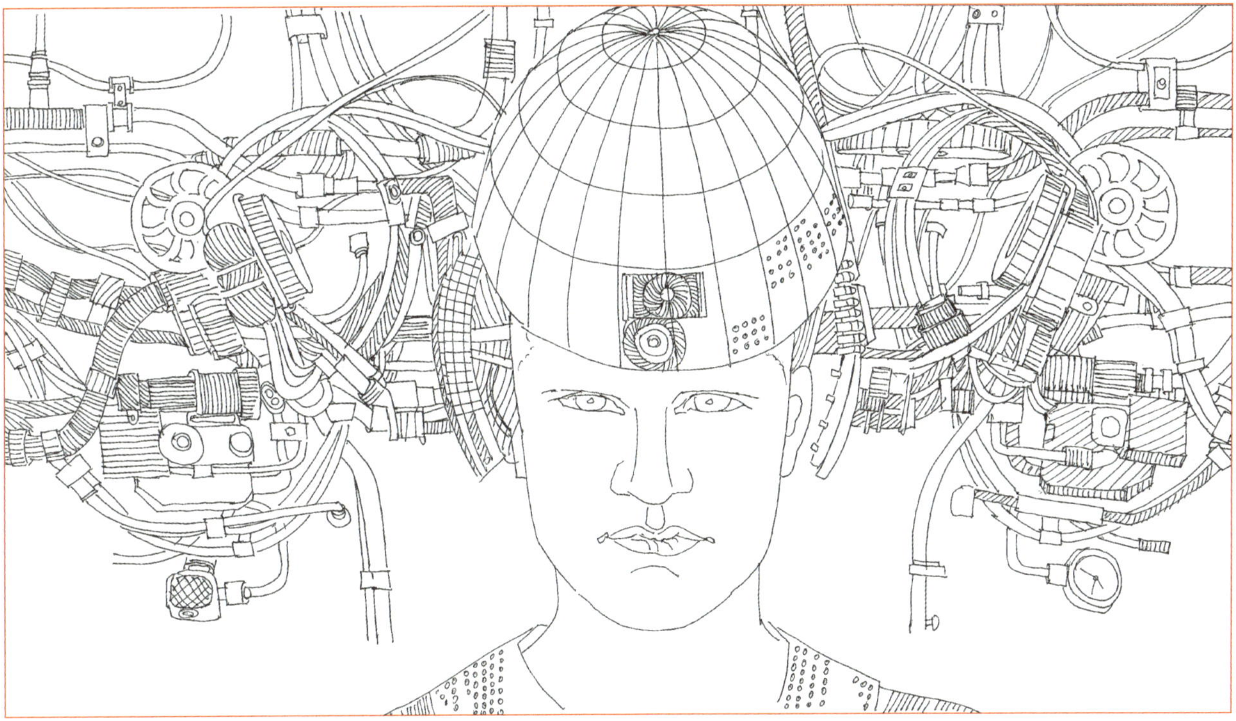

争夺“制脑权”是没有硝烟的战场，事关党的前途命运、国家的长治久安、民族的凝聚力和向心力。“制脑权”指的是争夺意识形态领域主动权。历史和现实告诉我们，敌对势力要颠覆一个政权、搞乱一个社会，往往先从意识形态领域打开缺口，思想防线一旦被攻破，其他防线就很难守住。

政治工作过不了网络关就过不了时代关。不懂网、不学网、不用网，等同于把网上意识形态较量和争夺的主阵地拱手让人。

拒绝网络就是拒绝时代，“生命线”必须连通“数据链”。在信息网络时代，我军政治工作生命线因网络而获得生机，也因网络而面临挑战，只有把政治工作向网络延伸，往云端推进，才能使网络成为发挥政治工作传统优势的“倍增器”。

美军西点军校教材《军人的政治教育》中说，在中国人民解放军中，“不可回避的事实是，在战争中从未发现一支健全的共产党军队陷入解体。不管这支军队如何遭到惨败，损失如何严重，或者近期根本看不到胜利的前景，他们总是能从暂时的失败中恢复过来”，“只要党组织保持完好，他们就有抵御力，避免在肉体和精神上陷于崩溃”。

第五部分

铸强军之魂：
听党指挥的时代要求是什么？

“我想说，这个伟大的梦想，就是强国梦，对于军队来讲，也是强军梦。”在参观《复兴之路》展览提出中国梦不久后，习近平主席在视察广州战区时向全军官兵发出实现强军梦的时代号召。

强国必须强军，军强才能国安。血的历史教训反复证明：军人靠枪拿不回来的东西，谈判桌上也很难拿回来。一个强大的国家背后，必然站立着一支强大的军队。

经济社会发展到哪一步，国防实力就要跟进到哪一步；国家利益拓展到哪里，国家安全边界就要跟进到哪里。

目标昭示方向，目标引领发展，目标凝聚力量。党的十八大以来，以习近平同志为核心的党中央明确提出“实现党在新时代的强军目标，建设世界一流军队”的奋斗目标。

2014年10月，习近平主席亲自提议在古田召开全军政治工作会议，在这里寻根溯源、赓续血脉，“从古田再出发”。忘记来路，注定没有出路；不忘初心，方能继续前行。

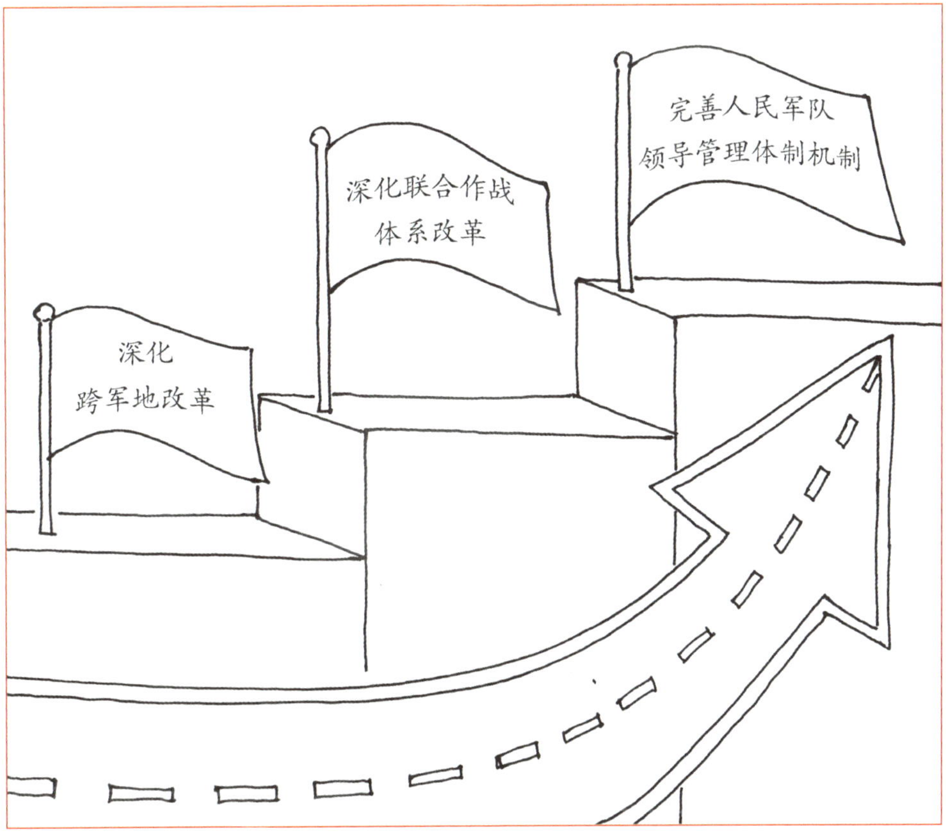

深化国防和军队改革是实现中国梦、强军梦的时代要求，是强军兴军的必由之路，也是决定军队未来的关键一招。

军队改革必须坚持正确的政治方向，贯彻新时代政治建军要求。政治建军是我军的立军之本，在任何时候任何情况下都不能有丝毫松懈。

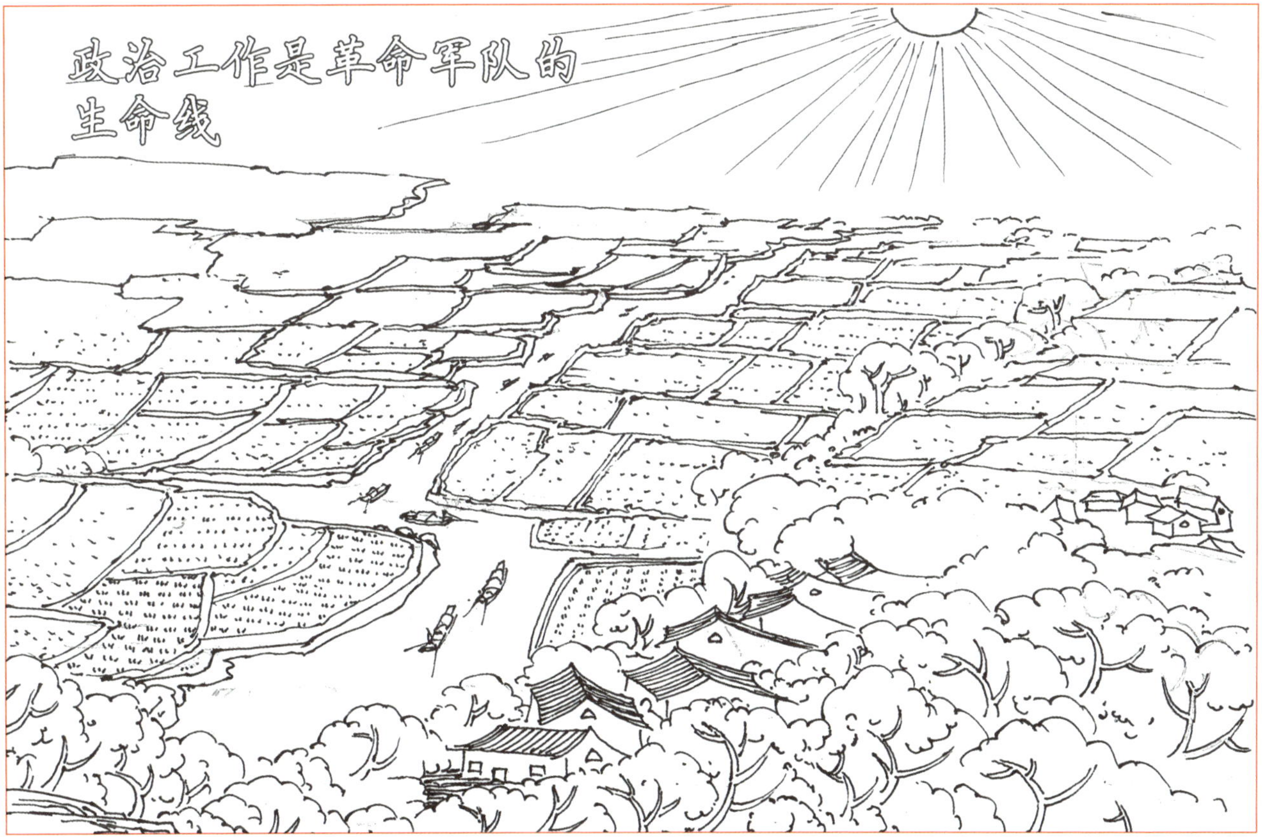

就像阳光、空气和水是维持人的生命所不可或缺的要素一样，革命的政治工作是维系我军生存与发展的根本要素，是我军建设与发展须臾不可离的基本条件。

目前我国军队政治工作的时代主题是，紧紧围绕实现中华民族伟大复兴的中国梦，为实现党在新时代的强军目标提供坚强的政治保证。

“秉纲而目自张，执本而末自从。”改进和加强新时代我军的政治工作，充分发挥政治工作对强军兴军的生命线作用。当前，最紧要的是把四个带根本性的东西立起来——“把理想信念在全军牢固立起来，把党性原则在全军牢固立起来，把战斗力标准在全军牢固立起来，把政治工作威信在全军牢固立起来”。

习近平总书记指出，要锻造具有铁一般的信仰、铁一般的信念、铁一般的纪律、铁一般的担当的过硬部队。这“四个铁”鲜明标注了新时代军队建设的新标准和特殊政治要求。

着力培养有灵魂、有本事、有血性、有品德的新一代革命军人。这深刻回答了强军兴军进程中我军官兵应当具备的政治信仰、核心能力、精神特质和道德情操，勾画了新一代革命军人的样子。

向党看齐，人民军队是榜样。我军始终把向党看齐摆在心头正中，听党话、跟党走，从而铸就了神圣而不朽的军魂，走向了一个又一个胜利。

早在1945年，毛泽东就指出：“要知道，一个队伍经常是不大整齐的，所以就要常常喊看齐……看齐是原则，有偏差是实际生活，有了偏差，就喊看齐。”

向党看齐，就是要自觉向党中央看齐，向党的理论和路线方针政策看齐，向党中央决策部署看齐。要在思想上看齐，政治上看齐，行动上看齐。

对党忠诚是听党指挥的前提，做到绝对忠诚是对每个军人的最高政治要求。绝对忠诚就是唯一的、彻底的、无条件的、不掺任何杂质的、没有任何水分的忠诚。

立德之本，莫尚乎正心。党性是党员干部立身、立业、立言、立德的基石，党性修养是共产党人的“心学”。强化党性修养，应坚持知行合一，按照“四讲四有”党员标准规范言行，坚守做人做事底线，用行动体现信仰信念的力量。

党性教育是共产党人修身养性的必修课。陈毅63岁时赋诗明志：“中夜尝自省，悔愧难自文。还是鼓勇气，改正再前行。”新时代的每一名党员都要将修好共产党人的“心学”作为终身课程。

理想信念是共产党人精神上的“钙”。

人生理上缺钙就会得软骨病。精神上缺了“钙”，也会得“软骨病”，会导致人政治上变质、经济上贪婪、道德上堕落、生活上腐化。

让理想信念的明灯永远在心中闪亮，引导广大官兵筑牢信仰之基、补足精神之钙、把稳思想之舵，确保广大官兵任何时候任何情况下都坚决听从党中央和中央军委指挥。

“血性”就是战斗精神，核心是一不怕苦、二不怕死。在党、国家、人民需要的时刻，军队就要有这股劲、这种精神。

和平时期，绝不能把兵带娇气了，威武之师还得威武，军人还得有血性。无论什么时候，一不怕苦、二不怕死的战斗精神千万不能丢。

在抗美援朝战争中，我军以“钢少气多”力克美军“钢多气少”。现在我军钢多了，气要更多，骨头要更硬。

严肃的党内政治生活是个大熔炉，是纯洁内部关系、锤炼党性修养的重要平台，是党能够经受各种考验、克服各种困难、始终保持强大凝聚力战斗力的重要条件。

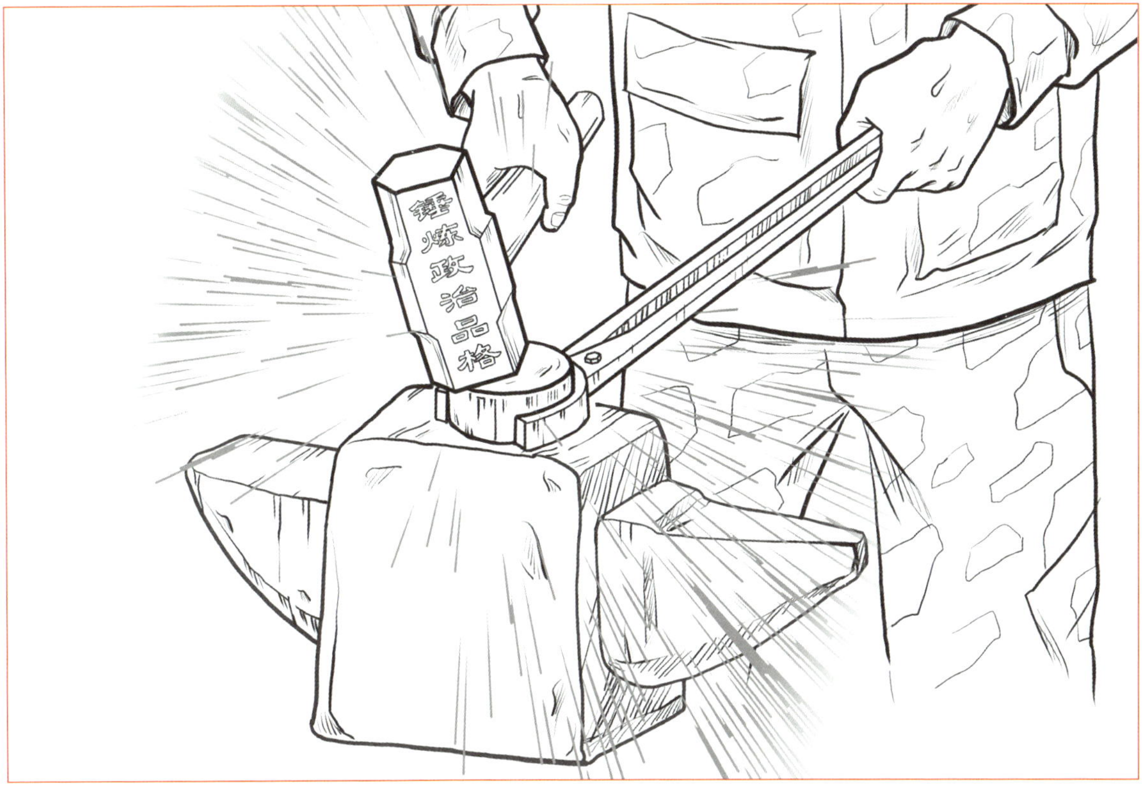

在大熔炉中加钢淬火，提纯党性、净化思想、砥砺作风。共产党员要锤炼对党绝对忠诚的政治品格。

“加强纪律性，革命无不胜。”1859年，马克思在致恩格斯的信中指出：“必须绝对保持党的纪律，否则将一事无成。”

军队守纪律首要的是遵守政治纪律，守规矩首要的是遵守政治规矩，并且标准要更高，要求要更严。任何人不得越过政治纪律、政治规矩的红线，越过了就要付出代价。

军队容忍腐败，就是容忍失败。腐败是军队战斗力的第一杀手。腐败蚕食的是人民军队的灵魂，动摇的是人民军队的政治基础，破坏的是光荣传统，败坏的是优良作风。

军队里绝不允许有腐败分子的藏身之地。党的十八大以来，以习近平同志为核心的党中央铁腕治军、重拳反腐，既“打老虎”又“拍苍蝇”，坚决刹住军队腐败蔓延的势头，政治生态强势回归，极大地凝聚了军心士气。

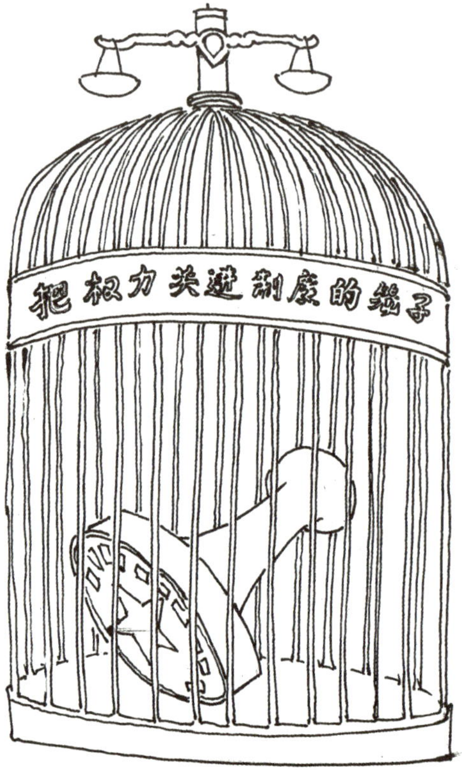

抓住治权这个关键。依法治军，关键是依法治权，必须加强对权力运行的制约和监督，切实把权力关进制度的笼子里。

加强对权力运行的制约和监督，形成不敢腐的惩戒机制、不能腐的防范机制、不易腐的保障机制。

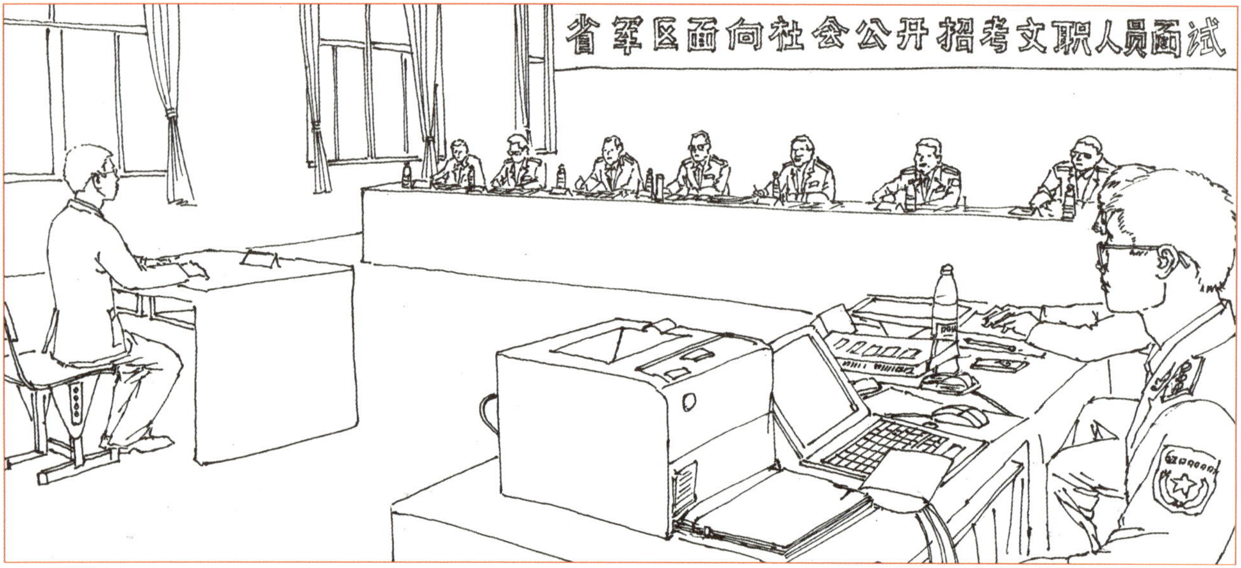

强军之道，要在得人。人才资源是强军兴军的宝贵战略资源，要把我们的事业发展好，就要聚天下英才而用之。

科学技术是核心战斗力。人民军队在党的坚强领导下，从“敌人造”到“国字号”，从“常规型”到“高精尖”，走出了一条体系化、信息化、自主化、实战化相结合的中国特色武器装备发展道路。

人民军队的根脉，深扎在人民的深厚大地；人民战争的伟力，来源于人民的伟大力量。军政军民团结无论是过去、现在，还是将来，都将是我党我军特有的政治优势。

江山就是人民，人民就是江山。不论走得多远，也不能忘记为谁扛枪、为谁打仗；不要忘记革命先辈们曾经许下的承诺——“以我衣衫褴褛，换来繁花似锦”。

强国军队就该有强国军队的使命，大国军人就该有大国军人的风骨。

“船重千钧，掌舵一人。”全军官兵要坚决维护习近平同志党中央的核心、全党的核心地位，坚持以习近平新时代中国特色社会主义思想为指导，深入贯彻习近平强军思想，勿忘昨天的苦难辉煌，无愧今天的使命担当，不负明天的伟大梦想，豪迈地朝着实现党在新时代的强军目标、建设世界一流军队开拓前进。

HOUJI 后记〉〉〉

军魂永不变，军旗永向党。党指挥枪是永葆人民军队性质和宗旨的根本保证，是我们党在血与火的斗争中得出的颠扑不破的真理。习近平主席指出："党对军队绝对领导是人民军队建军之本、强军之魂，必须全面加强军队党的领导和党的建设，贯彻党领导军队的一系列根本原则和制度，确保部队绝对忠诚、绝对纯洁、绝对可靠。"讲好听党指挥的故事，是我们作为党的理论工作者的神圣责任。

强军必先强心，铸剑必先铸魂。新时代面对世界百年未有之大变局，在强国建设、民族复兴伟大征程中，坚持守正创新，加强和改进国防教育时不我待、任重道远。2019年，为庆祝中华人民共和国成立70周年，我们推出了通俗理论读物《听党指挥》，以历史与现实相统一、理论与实践相结合、古今与中西相贯通的方式诠释了中国军队发展壮大、无往不胜的基因密码。图书出版后产生了较好的社会反响，并被翻译成英文、朝鲜文、越南文，在全球发行。有感于此，我们试着以更为直观的方式讲好听党指挥故事，"让党的创新理论‘飞入寻常百姓家’”，连环画无疑是更能让读者读得进、留得下、传得开的好形式。全书用193幅连环画，更为形象地解读了听党指挥的科学真理性在哪里、军魂是怎样炼成的、制度优势在哪里、新时代要求是什么等实际问题，以此激发读者关心国防、热爱军队、尊崇军人的家国情怀。

这本献给中国人民解放军建军百年的出版物，从一个念想到一本图书，创作团队经历了三年的反复打磨，数易其稿，从一个封面到一个版式，出版社编辑反复推敲，期间不乏横挑竖比、推倒重来，这无一不体现了军地融合、别具匠心，以及我们躬行我军优良传统，为强国强军事业贡献绵薄之力的寸草芳心。

本书的出版得到了中国人民解放军陆军步兵学院、中共江西省委军民融合发展委员会办公室、江西师范大学和江西教育出版社的大力支持，创作过程中还参考了大量党史、军史资料和国内外专家学者的相关专著、文章、图片，在此，谨向所有给予帮助的同仁、专家、编者和出版单位表示诚挚感谢！因能力水平有限，本书的创作难免存在瑕疵，敬请读者批评指正！

作者

2024年12月